Table de Matières

Personnages 6

Les Suppliantes 6

Personnages

Le Chœur des Danaïdes.
Danaos.
Pélasgos, roi des Argiens.
Un Héraut.

Les Suppliantes

LE CHŒUR DES DANAÏDES.

Que Zeus, dieu des suppliants, nous regarde avec bienveillance, apportées ici, sur nos nefs, des embouchures sablonneuses du Néilos ! Ayant laissé la terre divine qui confine à la Syria, nous avons fui, non pour un meurtre commis, ou condamnées à l'exil par la sentence du peuple, mais pour échapper à des hommes, pour éviter les noces fraternelles, impies, exécrables des fils d'Aigyptos. Notre père Danaos, inspirateur de ce dessein, a conduit notre flotte, et, délibérant sur ceci, entre deux maux a choisi le plus noble : la fuite à travers les ondes marines, afin d'aborder la terre Argienne d'où notre race se glorifie d'être issue, du contact, du souffle de Zeus et de la vache tourmentée.

Dans quelle terre plus propice que celle-ci serions-nous arrivées, ayant à la main ces rameaux des suppliants, enveloppés de bandelettes de laine ? Ô vous, ville, terre, blanches eaux ! Vous, dieux des hauteurs, et vous, dieux des expiations terribles, qui avez des demeures souterraines ! Et toi, Zeus sauveur, gardien du foyer des hommes pieux ! Accueillez tous en ce pays hospitalier cette troupe de jeunes filles suppliantes, et rejetez à la mer, afin qu'ils fuient promptement la foule insolente des hommes, des Aigyptogènes, avant qu'ils aient posé le pied sur cette terre non souillée ! Et qu'ils périssent dans la mer soulevée, en un tourbillon tumultueux, par le tonnerre et la foudre, et battus des vents chargés de pluie, avant qu'ils montent dans les lits des filles de leur oncle, malgré elles et malgré Thémis !

Eschyle

Les Suppliantes

Tragédie grecque

DANGER
LE PHOTOCOPILLAGE TUE LE LIVRE

Le code de la propriété intellectuelle du 1er juillet 1992 interdit en effet expressément la photocopie à usage collectif sans autorisation des ayants droit. Or, cette pratique s'est généralisée dans les établissements d'enseignement supérieur, provoquant une baisse brutale des achats de livres et de revues, au point que la possibilité même pour les auteurs de créer des oeuvres nouvelles et de les faire éditer correctement est aujourd'hui menacée. En application de la loi du 11 mars 1957, il est interdit de reproduire intégralement ou partiellement le présent ouvrage, sur quelque support que ce soit, sans autorisation de l'Editeur ou du Centre Français d'Exploitation du Droit de Copie , 20, rue Grands Augustins, 75006 Paris.

ISBN : 978-1530647767

10 9 8 7 6 5 4 3 2 1

Eschyle

Les Suppliantes

Tragédie grecque

Strophe I.

Maintenant, nous invoquons, à travers les mers, le fils de Zeus, notre vengeur, conçu au contact, au souffle de Zeus, par la vache, notre aïeule, qui paissait les fleurs, celui qui, à l'heure de l'enfantement, fut le bien nommé par la destinée : Épaphos !

Antistrophe I.

L'invoquant aujourd'hui dans les pâturages herbeux de notre mère antique, nous rappellerons nos malheurs anciens. Et nous donnerons des preuves certaines de notre origine, et nos paroles seront vraies, quelque étranges et inattendues qu'elles soient, et chacun saura tout, selon la suite des temps.

Strophe II.

S'il est ici un habitant de cette terre, observateur des oiseaux, quand il entendra ma plainte lamentable, il croira entendre la voix de la femme malheureuse du perfide Tèreus, du rossignol poursuivi par le faucon.

Antistrophe II.

Chassée des lieux et des fleuves accoutumés, elle gémit sans trêve, se souvenant de la mort de son fils qui périt, s'offrant à la colère et tombant sous la main de sa misérable mère.

Strophe III.

Et moi aussi je recherche les modes Iaoniens, et je déchire cette joue délicate cueillie sur les bords du Néilos, et ce sein abreuvé de larmes ; et je nourris les fleurs du deuil, songeant aux amis de celle qui a fui la terre natale, s'il en est qui aient souci d'elle.

Antistrophe III.

Dieux générateurs, si vous protégez l'équité, entendez-moi ! Ne laissez pas s'accomplir ce qui est contre la justice. Soyez les ennemis de la violence, et condamnez-la avant ces noces. Après le combat, il est un autel tutélaire, un rempart pour les vaincus, et, pour ceux qui fuient, un sanctuaire des daimones.

Strophe IV.

Puisse la volonté de Zeus nous être vraiment bienveillante ! Elle n'est pas facile à connaître. Elle brille pourtant dans l'obscurité, malgré la noire destinée des races mortelles.

Antistrophe IV.

La destinée se précipite et frappe sûrement, dès qu'elle a été décrétée dans la tête de Zeus ; mais les voies de la pensée divine, impénétrables aux yeux, sont inaccessibles et enveloppées d'ombre.

Strophe V.

Du haut de leurs tours il précipite les vivants dans la ruine, et toute force est vaine contre les daimones. Assise au faîte des demeures sacrées, la pensée divine accomplit toute sa volonté.

Antistrophe V.

Puisse-t-elle regarder l'insolence des hommes et cette race d'Aigyptos, furieuse et toujours harcelée, à cause de mes noces, par l'inévitable aiguillon du désir et qui maintenant sait enfin sa défaite !

Strophe VI.

Telles sont mes calamités lamentables, mes larmes amères et cruelles. Hélas ! hélas ! vivante, je me pleure en paroles lugubres. Je t'implore, ô terre d'Apis ! Comprends, hélas ! ma voix étrangère. Voici que je déchire et que je lacère les vêtements de lin et les voiles Sidoniens.

Eschyle

Antistrophe VI.

Ils vouent des offrandes aux dieux, ceux qui, sauvés par une heureuse destinée, n'ont plus l'épouvante de la mort. Hélas ! hélas ! hélas ! il est difficile de pénétrer ce qui nous est réservé. Où cette tempête m'entraînera-t-elle ? Je t'implore, ô terre d'Apis ! Comprends, hélas ! ma voix étrangère. Voici que je déchire et que je lacère les vêtements de lin et les voiles Sidoniens.

Strophe VII.

Certes, l'aviron et cette demeure aux voiles de lin qui abritait ma faiblesse contre la mer m'ont conduite ici, à l'aide des vents, sans avoir subi de tempête. En ceci je n'accuse personne. Mais que le père Zeus, qui voit tout, donne à cette destinée une fin heureuse, et que, noble race d'une mère vénérable, nous puissions, hélas ! vierges et libres, échapper au lit de ces hommes !

Antistrophe VII.

Que la chaste fille de Zeus me regarde d'un œil pur et tranquille, moi qui la supplie ! Vierge, qu'elle défende des vierges contre la persécution et la violence, et que, noble race d'une mère vénérable, nous puissions, hélas ! vierges et libres, échapper au lit de ces hommes !

Strophe VIII.

Mais si nous sommes méprisées des dieux Olympiens, nous irons, tuées par la corde, avec des rameaux suppliants, vers la sombre race souterraine frappée par Zeus, vers le Zeus des morts, qui est hospitalier pour tous. Ah ! Zeus ! La colère qui harcelait Iô se ruait des dieux. Elle vient aussi de ton épouse, cette calamité Ouranienne, car la tempête, avec violence, s'est jetée sur nous !

Antistrophe VIII.

Certes, Zeus entendrait d'amers reproches, si, méprisant le fils de la vache, celui qu'il engendra lui-même autrefois, il détournait sa face de nos prières. Mais, invoqué par nous, qu'il nous entende des hauteurs ! Ah ! Zeus ! la colère qui harcelait Iô se ruait des dieux. Elle vient aussi de ton épouse, cette calamité Ouranienne, car la tempête, avec violence, s'est jetée sur nous.

DANAOS.

Enfants, il vous faut être prudentes. Vous êtes venues à travers les flots, conduites sagement par votre vieux père. Maintenant que vous êtes à terre, agissez avec prévoyance et gardez mes paroles dans votre esprit.

Je vois une poussière, messagère muette d'une multitude. Les moyeux des roues crient en tournant autour des essieux. Je vois une foule armée de boucliers et agitant des lances, et des chevaux et des chars arrondis. Sans doute les princes de cette terre viennent à nous, avertis de notre arrivée par des messagers ; mais, qu'ils soient bienveillants ou animés d'un esprit farouche, il convient, à tout événement, ô jeunes filles, de nous retirer sur cette hauteur consacrée aux dieux qui président les jeux. Un autel est plus sûr qu'une tour, et c'est un plus ferme bouclier. Allez en toute hâte, tenant pieusement dans vos mains suppliantes les bandelettes de laine blanche, ornements de Zeus qui protège les suppliants. Répondez à vos hôtes en paroles respectueuses et tristes, comme la nécessité le demande et comme il convient à des étrangères. Expliquez-leur clairement que votre exil n'est pas taché de sang. Avant tout, que vos paroles ne soient point arrogantes, que votre front soit modeste et votre regard tranquille. N'usez point de longs discours, car ici cela est odieux. Souvenez-vous qu'il faut céder, car vous êtes étrangères et chassées par l'exil. Il ne convient pas aux humbles de parler arrogamment.

LE CHŒUR DES DANAÏDES.

Père, tu parles avec prudence à des esprits prudents. Nous garderons tes sages conseils et nous nous en souviendrons. Que notre père Zeus veille sur nous !

Eschyle

DANAOS.

Ne tarde donc pas, hâte-toi d'agir.

LE CHŒUR DES DANAÏDES.

Déjà je voudrais être assise là-haut près de toi.

DANAOS.

Ô Zeus ! aie pitié de nous, qui sommes accablés de maux !

LE CHŒUR DES DANAÏDES.

Qu'il nous regarde d'un œil bienveillant ! S'il veut, tout finira heureusement.

DANAOS.

Maintenant, invoquez cet oiseau de Zeus.

LE CHŒUR DES DANAÏDES.

Nous invoquons les rayons sauveurs de Hèlios, le divin Apollôn, le dieu autrefois exilé de l'Ouranos. Lui qui a connu des maux semblables, qu'il ait pitié des vivants !

DANAOS.

Qu'il ait pitié de nous, qu'il nous secoure avec bienveillance !

LE CHŒUR DES DANAÏDES.

Quel autre de ces daimones invoquerai-je aussi ?

DANAOS.

Je vois le trident, signe du dieu.

LE CHŒUR DES DANAÏDES.

Il nous a heureusement menées ici, qu'il nous soit propice sur terre !

DANAOS.

Celui-ci est Hermès, selon la coutume des Hellènes.

LE CHŒUR DES DANAÏDES.

Puisse t-il nous annoncer que nous sommes délivrées du mal !

DANAOS.

Vénérez l'autel commun de tous ces immortels. Dans ce lieu sacré, asseyez-vous comme une troupe de colombes épouvantées par ces faucons, ces ennemis, vos parents, qui souillent leur race. Un oiseau qui se repaît d'un oiseau est-il pur ? Comment donc serait-il pur celui qui veut épouser une femme malgré elle et malgré son père ? Même mort, dans le Hadès, s'il a commis ce crime, il n'échappera pas au châtiment. C'est là, dit-on, qu'un autre Zeus est le juge suprême des crimes parmi les morts. Observez-vous et gagnez ce lieu, afin que ceci ait une heureuse fin.

LE ROI PÉLASGOS.

De quel pays êtes-vous, qui n'êtes point vêtues à la manière Hellénienne, mais qui portez des robes et des voiles barbares ? En effet, ce vêtement n'est ni d'Argos, ni d'aucune partie de Hellas. Que vous ayez osé venir intrépidement sur cette terre, sans guides, sans hérauts, sans hôtes qui vous protégent, cela est surprenant. Certes, à la vérité, des rameaux, selon la coutume des suppliants, sont déposés auprès de vous sur les autels des dieux qui président les jeux. La terre de Hellas ne reconnaît que cela en vous. Je ne puis donc que supposer tout le reste, à moins que je ne sois renseigné par vos paroles.

Eschyle

LE CHŒUR DES DANAÏDES.

Tu as dit vrai sur nos vêtements ; mais à qui parlé-je maintenant ? Est-ce à un simple citoyen, à un porte-baguette, gardien des temples, ou au chef de la ville ?

LE ROI PÉLASGOS.

Réponds à ce que j'ai dit et parle avec confiance. Je suis fils de Palaikhthôn, issu de cette terre, Pélasgos, prince de ce pays ; et cette terre est habitée par la race des Pélasges, du nom de leur roi ainsi nommés justement ; et je commande à tout le pays que baignent, vers le couchant, l'Algos et le Strymôn. J'enferme dans mes frontières la terre des Perrhaibes, et, au delà du Pindos, les contrées voisines des Paiones, et les monts Dôdônaiens, et mes limites sont les flots de la mer ; mais mon pouvoir s'étend bien au delà. Cette terre est celle d'Apis, ainsi nommée en souvenir d'un médecin. En effet, Apis, médecin et divinateur, fils d'Apollôn, étant venu de Naupaktia, délivra le pays des monstres dévorateurs d'hommes et qu'avait produits un sol ensanglanté par des meurtres antiques, dragons venimeux et terribles. Apis, en coupant et en purifiant, guérit ces maux et mérita de grandes louanges des Argiens, et, par reconnaissance, nous gardons sa mémoire dans nos prières. Maintenant que tu sais avec certitude qui je suis, dis quelle est ta race et parle encore. Cependant notre ville n'aime pas les longs discours.

LE CHŒUR DES DANAÏDES.

Nos paroles seront claires et brèves. Nous nous glorifions d'être de race argienne, nous sommes issues de la vache à l'irréprochable postérité, et je prouverai la vérité de tout ceci.

LE ROI PÉLASGOS.

Ce que vous me dites est incroyable, étrangères. Votre race est issue d'Argos ? Vous êtes pourtant plus semblables à des Libyennes qu'aux femmes de ce pays. Le Néilos a nourri seul une telle famille, et voilà le caractère du type kyprien tel que l'action de l'homme sculpteur l'imprime dans le marbre. J'ai entendu dire que les Indiennes nomades, habitant la terre voisine des Aithiopiens, voyageaient sur des chameaux qui portent aussi des fardeaux. Il y a encore les Amazones vierges qui se nourrissent de chair. Si vous étiez armées d'arcs, je vous dirais telles. Mais, instruit par vous, que je sache plus amplement comment votre race est d'origine argienne.

LE CHŒUR DES DANAÏDES.

On dit qu'autrefois naquit, dans cette terre argienne, la gardienne du seuil de Hèra, Iô, dont la renommée est grande.

LE ROI PÉLASGOS.

S'agit-il de cette union de Zeus et d'une mortelle ?

LE CHŒUR DES DANAÏDES.

Hèra ne connut point d'abord cet amour clandestin.

LE ROI PÉLASGOS.

Quelle fut la fin de cette dissension royale ?

LE CHŒUR DES DANAÏDES.

La déesse Argienne changea la femme en vache.

LE ROI PÉLASGOS.

Zeus s'approcha donc de la femme cornue ?

LE CHŒUR DES DANAÏDES.

On dit que, pour la féconder, il prit la forme d'un taureau.

Eschyle

LE ROI PÉLASGOS.

Que fit alors l'épouse puissante de Zeus ?

LE CHŒUR DES DANAÏDES.

Elle donna à la Vache un gardien qui voyait toutes choses.

LE ROI PÉLASGOS.

Quel était ce bouvier ayant des yeux tout autour de la tête ?

LE CHŒUR DES DANAÏDES.

Argos, fils de Gaia, que tua Hermès.

LE ROI PÉLASGOS.

Que fit encore Hèra à la Vache malheureuse ?

LE CHŒUR DES DANAÏDES.

Elle lui infligea le moucheron qui pique et rend furieux les bœufs, et que les habitants du Néilos nomment taon.

LE ROI PÉLASGOS.

Puis elle la chassa en longues courses loin de cette terre.

LE CHŒUR DES DANAÏDES.

Certes, tu as dit tout ce que j'allais dire.

LE ROI PÉLASGOS.

Puis elle parvint il Kanôbos et à Memphis.

LE CHŒUR DES DANAÏDES.

Les Suppliantes

Et Zeus, la touchant de la main, engendra un fils.

LE ROI PÉLASGOS.

Comment donc ? un fils de Zeus s'est vanté d'être né d'une vache ?

LE CHŒUR DES DANAÏDES.

Il fut nommé Épaphos et fut le salut de celle-ci.

LE ROI PÉLASGOS.

[…vers perdu…]

LE CHŒUR DES DANAÏDES.

Libyè. Une grande terre porte son nom.

LE ROI PÉLASGOS.

Et quel fils eut-elle ?

LE CHŒUR DES DANAÏDES.

Le seul Bèlos, qui eut deux fils, dont l'un est mon père.

LE ROI PÉLASGOS.

Dis-moi le nom de cet homme très sage.

LE CHŒUR DES DANAÏDES.

Danaos, et son frère eut cinquante fils.

LE ROI PÉLASGOS.

Dis-moi complaisamment le nom de celui-ci.

Eschyle

LE CHŒUR DES DANAÏDES.

Aigyptos. Maintenant que tu n'ignores plus ma race antique, protége et sauve une famille argienne.

LE ROI PÉLASGOS.

Certes, vous me semblez, comme nous, issues anciennement de cette terre ; mais comment avez-vous osé quitter les demeures paternelles ? Quelle destinée soudaine vous a poursuivies ?

LE CHŒUR DES DANAÏDES.

Roi des Pélasges, les maux des hommes sont divers, et le malheur n'a pas toujours le même vol. Car eût-on jamais prévu notre fuite inattendue vers cette terre d'Argos à laquelle nous lie une antique origine, et que nous y aborderions pour échapper à des noces odieuses ?

LE ROI PÉLASGOS.

Et que demandez-vous à ces dieux qui président les jeux, tandis que vous tenez en mains ces rameaux récemment coupés et enveloppés de laine ?

LE CHŒUR DES DANAÏDES.

De ne pas être les esclaves des fils d'Aigyptos.

LE ROI PÉLASGOS.

Est-ce par haine, ou pour éviter l'inceste ?

LE CHŒUR DES DANAÏDES.

Qui voudrait payer afin d'avoir ses parents pour maîtres ?

LE ROI PÉLASGOS.

Cependant, c'est ainsi que les vivants augmentent leurs richesses.

LE CHŒUR DES DANAÏDES.

Et c'est ainsi qu'on échappe aisément à la pauvreté.

LE ROI PÉLASGOS.

Comment donc pourrais-je vous venir en aide avec bienveillance ?

LE CHŒUR DES DANAÏDES.

Ne nous livre pas aux fils d'Aigyptos qui nous réclameront.

LE ROI PÉLASGOS.

Tu demandes une résolution dangereuse, et j'en attends une guerre.

LE CHŒUR DES DANAÏDES.

La justice protègera ses alliés.

LE ROI PÉLASGOS.

Si, dès le commencement, elle a pris leur cause pour sienne.

LE CHŒUR DES DANAÏDES.

Respecte la poupe de ta ville ornée de rameaux.

LE ROI PÉLASGOS.

Je suis épouvanté de les voir ombrager ces autels !

LE CHŒUR DES DANAÏDES.

Elle est terrible, la colère de Zeus, protecteur des suppliants.

Eschyle

Strophe I.

Fils de Palaikhthôn, entends-moi avec bienveillance, ô roi des Pélasges. Regarde-moi, suppliante, exilée, errante, comme une génisse aux taches blanches sur un haut rocher. Elle mugit sans secours et raconte son péril au bouvier.

LE ROI PÉLASGOS.

Autour des autels des dieux qui président les Jeux, je vois cette foule de jeunes filles suppliantes, ombragée de rameaux récemment coupés. Puissent-elles, ces étrangères, ne pas être une cause de ruine pour nous, et puisse une guerre inattendue ne pas sortir de ceci. Certes, notre ville n'en a pas besoin.

LE CHŒUR DES DANAÏDES.

Antistrophe I.

Que Thémis, déesse des suppliants, fille de Zeus qui dispense les biens, regarde ma fuite innocente ! Et toi, vieillard, apprends ceci de plus jeunes que toi : Si tu respectes un suppliant, tu ne manqueras de rien, car la volonté des dieux accepte les offrandes sacrées d'un homme pieux.

LE ROI PÉLASGOS.

Vous ne vous êtes point assises en suppliantes au foyer de mes demeures. S'il y a manque d'hospitalité, toute la ville en est responsable, et c'est au peuple tout entier à s'en inquiéter, afin d'échapper à l'expiation. Pour moi, je ne vous ferai aucune promesse, mais je délibérerai sur ceci avec tous les citoyens.

LE CHŒUR DES DANAÏDES.

Strophe II.

Tu es la ville, tu es le peuple, tu es le prytane souverain qui commandes à l'autel et au foyer. Tu es seul dans ta volonté, tu es assis seul sur le trône où tu régis toutes choses. Crains seul tout le mal.

LE ROI PÉLASGOS.

Qu'il retombe sur mes ennemis ! Je ne puis vous venir en aide sans danger, et il est inhumain de mépriser vos prières. Mon esprit est plein de doutes et de craintes et je ne sais ce qu'il faut faire ou ne pas faire.

LE CHŒUR DES DANAÏDES.

Antistrophe II.

Celui qui d'en haut veille sur nous, regarde-le, ce gardien des malheureux réfugiés en suppliants auprès de leurs proches qui leur refusent la justice qui leur est due. La colère de Zeus, protecteur des suppliants, suit les plaintes vaines des malheureux.

LE ROI PÉLASGOS.

Mais si les fils d'Aigyptos affirment que, d'après la loi de cette ville, étant du même sang, vous êtes sous leur main, qui les réfutera ? Il est donc nécessaire de leur opposer vos propres lois, si vous désirez prouver qu'ils n'ont aucun droit sur vous.

LE CHŒUR DES DANAÏDES.

Strophe III.

Que je ne sois jamais soumise à ces hommes ! Plutôt fuir sous les astres, à travers les mers, ces noces odieuses ! Mais tu prendras la justice pour compagne, et tu jugeras ainsi que le veut la majesté des dieux.

LE ROI PÉLASGOS.

Eschyle

La cause n'est pas facile à juger. Ne me prends pas pour juge. Je te l'ai dit déjà, même si j'en avais le pouvoir, je ne déciderais rien sans le peuple, de peur qu'il me dise un jour, si quelque malheur arrivait : – Pour avoir honoré des étrangères, tu as perdu ta ville.'

LE CHŒUR DES DANAÏDES.

Antistrophe III.

Zeus pèse ma cause et décide selon l'équité entre mes proches et moi. Il dispense le châtiment aux mauvais et la justice aux bons. Puisque tout est encore en suspens, pourquoi ne fais-tu pas ce qui est juste ?

LE ROI PÉLASGOS.

Semblable au plongeur dont l'œil lucide ne doit pas être troublé par le vin, il me faut descendre dans une profonde réflexion, afin que tout se concilie heureusement, sans danger pour la ville et pour moi-même, et sans attirer la guerre et la vengeance ; il me faut ne point vous livrer, vous qui êtes assises aux autels des dieux, et ne point offenser le dieu vengeur, terrible à tous, qui, même dans le Hadès, ne lâche point les morts. Ne dois-je pas, selon vous, m'inquiéter de ce souci sauveur ?

LE CHŒUR DES DANAÏDES.

Strophe I.

Aie ce souci et sois pour nous, comme il est juste, un protecteur bon et miséricordieux. Ne me perds pas, fugitive, chassée de la terre natale par une violence impie.

Antistrophe I.

Ne souffre pas que je sois arrachée, à tes yeux, des autels de tant de dieux, telle qu'une proie. Ô toi qui possèdes toute la puissance sur cette terre, songe à l'insolence de ces hommes et préserve-moi de leur colère.

Strophe II.

Ne souffre pas que, suppliante, je sois arrachée des images des dieux contre tout droit et toute justice, telle qu'une jument entraînée, saisie par mes bandelettes aux couleurs variées et par mes vêtements.

Antistrophe II.

Sache que, selon ce que tu décideras, il en arrivera autant à tes enfants et à ta demeure. Songe dans ton esprit que telle est la juste loi de Zeus.

LE ROI PÉLASGOS.

Je le pense aussi. Tout se réduit à cela. Avec les dieux ou avec les persécuteurs de ces femmes, c'est une guerre terrible de toute nécessité. Les clous sont tous fixés dans la nef, et celle-ci glisse sur les rouleaux. Nulle fin à tout ceci sans tourment. Richesses enlevées, demeures dévastées, les plus grandes calamités sont suivies d'une plus grande abondance, si Zeus, qui dispense les biens, le veut ainsi. Si la langue a parlé d'une façon inopportune, des paroles peuvent adoucir ceux que des paroles ont douloureusement offensés. Afin que le sang de mes proches ne soit pas versé, il me faut offrir à tous les dieux de nombreux sacrifices et de nombreuses victimes, remèdes de toute calamité. Certes, je voudrais être délivré de cette guerre. J'aime mieux ignorer les maux que les éprouver. Puisse, contre mon espérance, ceci avoir une heureuse fin !

LE CHŒUR DES DANAÏDES.

Écoute mes dernières paroles.

LE ROI PÉLASGOS.

J'écoute, parle, rien ne m'échappera.

Eschyle

LE CHŒUR DES DANAÏDES.

J'ai des ceintures qui retiennent mes vêtements.

LE ROI PÉLASGOS.

Certes. Cela convient aux femmes.

LE CHŒUR DES DANAÏDES.

Sache donc qu'il y a là pour nous une aide excellente.

LE ROI PÉLASGOS.

Explique-toi. Que signifient ces paroles ?

LE CHŒUR DES DANAÏDES.

Si tu ne nous promets rien de certain…

LE ROI PÉLASGOS.

De quelle aide te seront ces ceintures ?

LE CHŒUR DES DANAÏDES.

Elles serviront à parer ces images d'ornements nouveaux.

LE ROI PÉLASGOS.

Tu parles en énigmes. Dis-moi comment.

LE CHŒUR DES DANAÏDES.

Nous nous pendrons aussitôt à ces dieux.

LE ROI PÉLASGOS.

J'ai entendu tes paroles. Elles frappent mon esprit d'horreur.

LE CHŒUR DES DANAÏDES.

Tu as compris. Je me suis expliquée plus clairement.

LE ROI PÉLASGOS.

Pour mille raisons ces difficultés sont inextricables. L'abondance des maux m'écrase comme un torrent. Je suis submergé par une mer furieuse d'immenses calamités, et il n'y a point de port à mes malheurs. En effet, vous l'avez dit, si je ne vous viens point en aide je commets un crime inexpiable ; mais si, devant nos murs, je range la bataille contre tes proches, les fils d'Aigyptos, n'est-ce pas un malheur lamentable que, pour des femmes, les hommes ensanglantent la terre ? Cependant il faut redouter la colère de Zeus qui protége les suppliants, car il est la suprême épouvante des mortels. Toi donc, vieillard, père de ces vierges, saisis promptement ces rameaux entre tes bras et porte-les aux autels de nos autres dieux, afin que tous les citoyens voient ces marques de votre arrivée et que ma prière en votre faveur ne soit pas rejetée, car le peuple se plaît toujours à blâmer ses chefs. En effet, il sera facilement touché en voyant ces rameaux, et il prendra en haine l'insolence de vos ennemis, et il sera plus bienveillant pour vous, car on s'intéresse communément aux plus faibles.

DANAOS.

Ceci est digne d'actions de grâces sans nombre d'avoir rencontré un protecteur aussi vénérable ; mais donne-moi des serviteurs et des guides de cette terre, afin que nous trouvions les demeures et les autels des dieux qui protègent la ville et que nous marchions en sûreté, car notre aspect est étranger, et le Néilos ne nourrit pas une race semblable à celle d'Inakhos. Il faut craindre que la confiance attire le danger ; il arrive qu'on tue un ami par ignorance.

LE ROI PÉLASGOS.

Eschyle

Allez, hommes ! L'étranger a bien parlé. Menez-le vers les autels de la ville et les demeures des dieux. Dites brièvement à ceux que vous rencontrerez que vous conduisez un marin, suppliant des dieux.

LE CHŒUR DES DANAÏDES.

Tes paroles et tes ordres suffisent pour notre père ; mais quelle sera ma part ? Où trouverai-je ma sûreté ?

LE ROI PÉLASGOS.

Laisse ici ces rameaux, marques de ton malheur.

LE CHŒUR DES DANAÏDES.

Je les abandonne, confiante en tes paroles et en ta puissance.

LE ROI PÉLASGOS.

Retire-toi dans ce bois vaste.

LE CHŒUR DES DANAÏDES.

Comment ce bois profane me protégera-t-il ?

LE ROI PÉLASGOS.

Nous ne te livrerons pas aux oiseaux de proie.

LE CHŒUR DES DANAÏDES.

Mais si c'était à des hommes plus à craindre que des dragons terribles ?

LE ROI PÉLASGOS.

Réponds par un meilleur augure à des paroles de bon augure.

LE CHŒUR DES DANAÏDES.

Ne t'étonne pas que, frappées de terreur, nous manquions de patience.

LE ROI PÉLASGOS.

La défiance envers les rois est sans borne.

LE CHŒUR DES DANAÏDES.

Rends-moi la joie par tes paroles et tes actions.

LE ROI PÉLASGOS.

Votre père ne vous laissera pas longtemps seules. Pour moi, ayant convoqué le peuple qui habite ce pays, je tenterai de persuader les citoyens de vous être bienveillants et j'enseignerai à votre père ce qu'il faudra dire. Dans l'intervalle restez ici, et priez les dieux du pays que vos désirs s'accomplissent. Moi je vais préparer tout ceci. Que la persuasion et la fortune me fassent réussir !

LE CHŒUR DES DANAÏDES.

Strophe I.

Roi des rois, le plus heureux des bienheureux, force très puissante des puissants, très riche Zeus, écoute, exauce mes prières ! Détourne l'insolence de ces hommes que tu hais avec justice, abîme dans la mer pourprée leur nef aux noirs rameurs.

Antistrophe I.

Regarde avec bienveillance cette race antique de jeunes filles issue d'une femme que tu as aimé. Souviens-toi d'Iô, que tu touchas de la main, et par laquelle nous nous glorifions d'appartenir à cette terre où nous sommes.

Eschyle

Strophe II.

Nous marchons dans les pas antiques, dans les pâturages fleuris de notre mère, dans la grasse prairie d'où, harcelée par le taon, elle s'enfuit, vagabonde et furieuse, à travers d'innombrables races mortelles. Deux fois, de la terre à la terre opposée, elle traversa le détroit qui porte son nom.

Antistrophe II.

De la Phrygia, riche en troupeaux, à travers la terre d'Asia, elle parcourut Teuthras, ville des Mysiens, et les vallées Lydiennes, et les monts Kilikiens, et les contrées Pamphyliennes, et les fleuves au cours sans fin, et la terre de la richesse, et la terre féconde en fruits d'Aphrodita.

Strophe III.

Harcelée par l'aiguillon du bouvier ailé, elle parvint au bois florissant de Zeus, au pâturage fécondé par les neiges fondues et que parcourt la force de Typhôn, aux eaux du Néilos, vierges de maladies. Mais elle était toujours furieuse, en proie aux douleurs cuisantes de l'implacable Hèra.

Antistrophe III.

Et les vivants qui habitaient cette terre eurent l'esprit saisi par la pâle terreur, quand ils virent cette bête étrange, tenant de la race humaine et de la brute, moitié femme et moitié vache, et ils restaient stupéfaits devant ce prodige. Et alors, quel fut celui qui apaisa Iô vagabonde et misérablement harcelée par le taon ?

Strophe IV.

Zeus, le roi éternel. La violence du tourment cessa par la puissance et par le souffle divins, et l'amertume lamentable des larmes, et, recevant très véritablement le faix de Zeus, elle enfanta un illustre fils.

Antistrophe IV.

Qui devait être très heureux pendant une longue vie. Et toute la terre cria : – Cet enfant est vraiment de Zeus !' Qui, en effet, eût réprimé les ruses furieuses de Hèra ? Ceci est l'œuvre de Zeus ; et qui dira que nous sommes la race issue d'Épaphos dira la vérité.

Strophe V.

Quel autre parmi les dieux invoquerais-je plus justement ? C'est le père, la source de toute génération, le maître de sa propre puissance, le créateur des choses antiques, le très bienveillant Zeus !

Antistrophe V.

Il n'y a point de puissance au-dessus de la sienne, nul ne siége au-dessus de lui, nul n'est respecté par lui. Ce qu'il dit s'accomplit aussitôt, ce qu'il pense est réalisé sans retard.

DANAOS.

Ayez bon courage, enfants ! Les citoyens nous sont propices. Le peuple a décidé et décrété.

LE CHŒUR DES DANAÏDES.

Salut ! ô vieillard, le plus cher des messagers ! Mais dis-nous quel décret a été rendu, et de quel côté le peuple a levé le plus de mains.

DANAOS.

Il a plu aux Argiens de ne point se diviser, et mon vieux cœur en a rajeuni, car l'aithèr s'est hérissé des mains droites levées de tout le peuple, et il a été décrété unanimement que nous pourrions habiter cette terre en liberté, à l'abri des outrages de tous les mortels, et que ni citoyens, ni étrangers ne pourraient nous emmener en servitude comme une proie. De plus, si quelque citoyen ne nous venait point en aide contre la violence, il serait, par sentence du peuple, privé du droit de cité et condamné à l'exil. Telle est la résolution que le roi des Pélasges a fait prendre en notre faveur, annonçant la grande colère de Zeus, protecteur des suppliants, et que la ville ne resterait pas longtemps debout, deux fois souillée par son droit abandonné et par l'outrage à l'hospitalité, source intarissable de calamités. Et le peuple argien, l'ayant entendu, et sans attendre la voix du héraut, décréta, à mains levées, que les choses seraient ainsi. Le peuple des Pélasges a écouté favorablement ces paroles faites pour persuader, et Zeus a exaucé nos désirs.

LE CHŒUR DES DANAÏDES.

Faisons pour les Argiens des vœux heureux, pour prix de leur bienveillance. Que Zeus hospitalier reçoive ces paroles sincères de la bouche de ses hôtes ! Que nos prières soient ainsi exaucées jusqu'à la fin sans empêchement.

Strophe I.

Et maintenant, dieux nés de Zeus, écoutez les prières que nous répandons pour cette race. Que jamais, au milieu des clameurs tumultueuses, la ville pélasgienne ne soit dévorée par le feu ! Que le farouche Arès fauche les mortels en d'autres campagnes ! Car ils ont eu pitié de notre misère, en nous sauvant par leur bienveillante sentence, car ils ont respecté ce troupeau lamentable les suppliantes de Zeus !

Antistrophe I.

Ils n'ont point jugé en faveur des hommes et méprisé le droit des femmes ; mais ils ont regardé le divin vengeur, la sentinelle qu'on ne peut tromper, celui que nulle demeure n'a vu debout sur son toit sans qu'il ne s'écroulât ! car il se pose lourdement. Ils ont respecté leurs parentes, suppliantes de l'illustre Zeus ; c'est pourquoi sur les autel purs ils apaiseront les dieux.

Strophe II.

A l'ombre de ces rameaux suppliants mon vœu s'envolera pour leur récompense. Que jamais la contagion ne dépeuple la ville de ses citoyens, que jamais la sédition n'ensanglante la terre de meurtres domestiques, que la fleur de la jeunesse ne soit point cueillie, que l'amant d'Aphrodita, le fléau des mortels, Arès, ne tranche pas cette fleur !

Antistrophe II.

Que les autels brûlent, entourés de sacrificateurs vénérables, afin que la chose publique prospère ! Qu'ils honorent le grand Zeus, le très grand dieu hospitalier, qui, par la loi antique, a établi les destinées ! Prions pour que toujours, ici, les générations se multiplient et pour qu'Artémis Hékata protège l'accouchement des femmes.

Strophe III.

Que jamais le carnage ne se rue ici, tuant les guerriers, saccageant la ville, ennemi des chœurs et de la kithare, et n'y déchaîne tout armé le lamentable Arès au milieu des clameurs publiques ! Que l'horrible essaim des maladies s'abatte loin de la vigueur des guerriers, et que le Lykien Apollôn soit toujours favorable à toute cette jeunesse !

Antistrophe III.

Que Zeus, en toute saison, entr'ouvre la terre pour une abondante fécondité ! Que les troupeaux paissants enfantent partout d'innombrables petits, et que chacun soit comblé de biens par les dieux ! Que les Muses, les divines chanteuses, accordent leurs voix, et que le son de la Lyre s'unisse harmonieusement au son de leurs bouches sacrées !

Strophe IV.

Que le peuple qui commande dans la ville, gardien de l'intérêt commun, observe équitablement les droits de la cité ! Qu'il se montre conciliant avec les étrangers avant d'armer Arès, et qu'ils lui rendent justice avant d'y être contraints !

Antistrophe IV.

Que les Argiens honorent toujours les dieux de ce pays par des offrandes de lauriers et par des hécatombes, selon la coutume de leurs pères ! Le respect des parents est, en effet, le troisième parmi les préceptes de la très vénérable Thémis !

DANAOS.

Je loue ces sages vœux, chères filles ; mais ne vous épouvantez pas d'entendre votre père vous annoncer des nouvelles inattendues. De cette hauteur qui vous a reçues suppliantes je vois une nef. Elle est bien reconnaissable ; je ne me trompe pas. Voici les manœuvres et les voiles. La proue est tournée de ce côté, n'obéissant que trop au gouvernail qui, de la poupe, la dirige, car cette nef ne nous est point amie. Les marins sont déjà visibles avec leurs membres noirs sous leurs vêtements blancs. Voici qu'on aperçoit nettement tout le reste de la flotte ; mais la nef qui marche en tête des autres a replié ses voiles et s'avance à force d'avirons. Il vous faut être calmes et prudentes et ne pas oublier de prier les dieux dans ce danger. Pour moi, je reviendrai bientôt avec les protecteurs qui nous prêtent leur aide.

LE CHŒUR DES DANAÏDES.

Peut-être un héraut ou un chef viendra nous réclamer et voudra nous emmener en servitude.

DANAOS.

Ils n'en feront rien ; n'ayez aucune crainte d'eux.

LE CHŒUR DES DANAÏDES.

Cependant, si nous tardons à être secourues, le mieux est de nous en remettre à l'aide de ces dieux.

DANAOS.

Ayez bon courage. Au temps, au jour marqué, le mortel qui a offensé les dieux en reçoit le châtiment.

LE CHŒUR DES DANAÏDES.

Strophe I.

Père ! je tremble que ces nefs qui volent rapidement n'arrivent en peu d'instants. La terreur me saisit. Me faudra-t-il recommencer à fuir épouvantée ? Père, je meurs de crainte.

DANAOS.

Puisque le décret des Argiens a été ratifié par leurs suffrages, ayez une ferme espérance ; ils combattront pour vous, mes filles, j'en suis certain.

LE CHŒUR DES DANAÏDES.

Antistrophe I.

La race d'Aigyptos est funeste, farouche et insatiable de combat. Mais je le dis à qui le sait. Poussés par leur fureur, ils ont navigué sur leurs nefs solides et sombre, avec cette noire et grande armée.

DANAOS.

Mais ils rencontreront ici de nombreux bras exercés à la pleine chaleur du jour.

LE CHŒUR DES DANAÏDES.

Strophe II.

Eschyle

Ne me laisse pas seule ici, je t'en supplie, père ! une femme seule est sans force ; Arès lui manque. Ceux-ci, rusé et impurs tels que des corbeaux, ne respectent point la sainteté des autels.

DANAOS,

Ceci nous servira, enfants, si les dieux les détestent autant que vous les haïssez.

LE CHŒUR DES DANAÏDES.

Antistrophe II.

Ni les tridents, ni ces sanctuaires divins révérés par nous n'arrêteront leur main. Ils sont trop féroces, trop gonflés d'impiété et de violence. Impudents comme des chiens, ils n'écouteront point les dieux.

DANAOS.

Mais on dit que les loups sont plus forts que les chiens, et que le fruit du papyros n'en vaut pas l'épi.

LE CHŒUR DES DANAÏDES.

Semblables à des bêtes fauves, impies et farouches, ils ont l'âme furieuse, et il faut redouter leur violence.

DANAOS.

La navigation d'une armée navale n'est pas aussi prompte. Il faut trouver un mouillage où l'on puisse fixer les câbles qui attachent les nefs à la terre. Les pilotes ne jettent pas sitôt les ancres, surtout quand ils abordent une côte sans port. A l'heure où Hèlios tombe vers l'ombre, la nuit a coutume d'inspirer des inquiétudes à un sage pilote. Ainsi cette armée ne débarquera pas en sûreté avant d'avoir trouvé pour ces nefs un mouillage auquel on puisse se fier. Pour toi, prends garde, saisie de terreur, de négliger les dieux, et implore leur secours. La ville ne se plaindra pas de votre messager, car, bien que je sois vieux, la parole ni la prudence ne me manquent.

LE CHŒUR DES DANAÏDES.

Strophe I.

Ô terre montueuse, justement vénérable, qu'allons nous souffrir ? Où fuir sur la terre d'Apis, où trouver quelque part une caverne ? Que ne puis-je, noire fumée, m'approcher des nuages de Zeus et disparaître ! Je m'anéantirais comme une poussière qui s'envole sans ailes !

Antistrophe I.

Je n'ai plus de courage, si je ne prends la fuite. Mon cœur sombre est saisi d'épouvante. Cette retraite choisie par mon père me perdra. Je meurs de crainte. J'aimerais mieux subir la destinée fatale, suspendue à ce lacet, que de sentir un de ces hommes odieux me saisir avec violence. Que je sois morte plutôt, et qu'Aidès me commande !

Strophe II.

Qui me donnera une demeure aérienne où les nuées pluvieuses deviennent de la neige, un rocher âpre, escarpé, inaccessible aux chèvres, solitaire, fréquenté des vautours, et d'où je puisse me précipiter avant de subir ces noces détestées ?

Antistrophe II.

Ensuite je ne refuserai pas de servir de pâture aux chiens et aux oiseaux carnassiers de ce pays. La mort me délivrera de mes maux lamentables ; que la mort m'arrive avant le lit nuptial ! Quel autre libérateur de ces noces pourrais-je trouver ?

Strophe III.

Eschyle

Élevez vos voix lugubres vers l'Ouranos, poussez des chants suppliants vers les dieux, qui m'obtiennent leur aide et me délivrent. Père, vois les desseins de nos ennemis, toi qui n'aimes pas à contempler de tes yeux sévères les actions violentes. Sois favorable à tes suppliantes, Maître de la terre, très puissant Zeus.

Antistrophe III.

L'orgueilleuse race d'Aigyptos, cette race farouche qui me poursuit et me presse dans ma fuite, veut me saisir avec violence. Mais toi, Zeus, tu tiens le fléau de la balance, et les mortels ne font rien sans toi !

Oh ! oh ! oh ! ah ! ah ! ah ! Voici un ravisseur, sorti des nefs, qui me poursuit à terre ! Auparavant, ô ravisseur, meurs ! ah ! ah ! ô dieux ! de nouveau je pousse des cris lamentables. Voici le commencement des misères et des violences que je vais subir. Hélas ! hélas ! secours promptement des jeunes filles fugitives.

LE HÉRAUT.

Hâtez-vous ! marchez promptement vers la nef.

LE CHŒUR DES DANAÏDES.

Eh bien ! arrachez nos cheveux, frappez-nous, coupez notre tête toute sanglante !

LE HÉRAUT.

Promptement, misérables ! à la nef ! et ensuite à travers les flots salés ! Obéis à mes ordres sans réplique et au fer de ma lance. Je te pousserai sanglante dans la nef, où tu resteras gisante. Cède à la violence. Point de résistance insensée.

LE CHŒUR DES DANAÏDES.

Hélas, hélas !

Les Suppliantes

LE HÉRAUT.

Marche vers la nef, laisse ces autels ; ils ne sont point honorés par les hommes pieux.

LE CHŒUR DES DANAÏDES.

Qu'elle ne me revoie jamais, l'onde nourricière du Néilos qui rajeunit le sang des mortels ! Sur cette terre sacrée, vieillard, je suis sortie d'une très antique race.

LE HÉRAUT.

A la nef ! à la nef ! marche promptement, que tu le veuilles ou non. Entraînées de force, allons ! marchez vers la nef, avant que je vous frappe de mes poings, misérables !

LE CHŒUR DES DANAÏDES.

Strophe I.

Hélas ! hélas ! que n'as-tu péri misérablement dans le gouffre de la mer, jeté, au milieu des vastes tempêtes, contre le cap Sarpèdonien ?

LE HÉRAUT.

Crie, lamente-toi, invoque les dieux ! Tu n'éviteras pas la nef aigypienne. Lamente-toi, pousse des gémissements plus amers que toutes les douleurs, nomme-toi Lamentation !

LE CHŒUR DES DANAÏDES.

Antistrophe I.

Hélas ! hélas ! L'outrage aboie sur le rivage ! Tu vomis l'eau amère, toi qui me parles ! Que le grand Néilos t'engloutisse, orgueilleux, toi et ton arrogance !

Eschyle

LE HÉRAUT.

Je vous ordonne de gagner la nef qui appuie sa proue au rivage. Allons, promptement et sans retard ! sans quoi je vais vous y traîner violemment par les cheveux !

LE CHŒUR DES DANAÏDES.

Strophe II.

Hélas ! hélas ! père ! Le secours divin ne m'a pas sauvée du malheur. Comme une araignée qui m'enveloppe, voilà le songe noir ! ô dieux, ô dieux ! Terre, ma mère ! Terre, ma mère ! détourne ces clameurs terribles. Ô roi ! fils de Gaia, ô Zeus !

LE HÉRAUT.

Je ne crains pas les dieux de cette terre. Ils n'ont point nourri mon enfance et ils ne me conduiront pas à la vieillesse.

LE CHŒUR DES DANAÏDES.

Antistrophe II.

Voici que ce serpent à deux pieds est plein de rage près de moi, et veut me mordre comme une vipère. Ô dieux ! ô dieux ! Terre, ma mère ! Terre, ma mère ! détourne ces clameurs terribles. Ô roi ! fils de Gaia, ô Zeus !

LE HÉRAUT.

Celle qui, n'obéissant pas à mes paroles, ne marchera point vers la nef, ne tardera pas à voir ses vêtements en pièces.

LE CHŒUR DES DANAÏDES.

Strophe III.

Les Suppliantes

Hélas ! ô chefs et princes de la ville, je succombe !

LE HÉRAUT.

Vous verrez bientôt plusieurs princes, les fils d'Aigyptos. Croyez-moi, vous ne manquerez point de maîtres.

LE CHŒUR DES DANAÏDES.

Antistrophe III.

Nous périssons, ô roi ! nous succombons !

LE HÉRAUT.

Vous allez être traînées d'ici par les cheveux, puisque vous n'obéissez pas à mes paroles.

LE ROI PÉLASGOS.

Et toi, que veux-tu ? Pourquoi outrages-tu de ton insolence la terre des hommes Pélasgiens ? Pensais-tu arriver dans une ville de femmes ? Tu n'es qu'un barbare, et tu oses te jouer des Hellènes ! Pour tant oublier, ton esprit est troublé, certes.

LE HÉRAUT.

Qu'ai-je donc fait ici contre la justice ?

LE ROI PÉLASGOS.

Étranger toi-même, tu ne sais ce qui est dû à des hôtes.

LE HÉRAUT.

Comment ne le saurais-je pas ? Je reprends ce que j'ai perdu.

LE ROI PÉLASGOS.

Eschyle

A quels proxènes de ce pays as-tu parlé ?

LE HÉRAUT.

A Hermès, au très-grand proxène et chercheur.

LE ROI PÉLASGOS.

Tu te recommandes des dieux et tu les outrages !

LE HÉRAUT.

Je ne respecte que les daimones du Néilos.

LE ROI PÉLASGOS.

A t'entendre, tu ne comptes pour rien les dieux de cette terre ?

LE HÉRAUT.

J'emmènerai celles-ci, à moins qu'on me les arrache.

LE ROI PÉLASGOS.

Tu gémiras, si tu les touches, et promptement.

LE HÉRAUT.

J'entends une parole qui n'est pas hospitalière.

LE ROI PÉLASGOS.

Ceux qui outragent les dieux ne sont pas mes hôtes.

LE HÉRAUT.

Viens ! tu diras cela aux fils d'Aigyptos.

Les Suppliantes

LE ROI PÉLASGOS.

C'est un souci qui m'inquiète fort peu.

LE HÉRAUT.

Mais, afin que je puisse leur parler clairement, car il convient qu'un héraut soit un messager fidèle, que leur dirai-je ? Comment leur annoncerai-je que je reviens sans cette troupe de jeunes filles, leurs parentes ? Arès ne jugera point cette affaire à l'aide de témoins, d'argent et d'amende. Avant la fin, beaucoup de guerriers tomberont ! et il y aura beaucoup de morts.

LE ROI PÉLASGOS.

Il n'est point nécessaire que tu saches mon nom. Tes compagnons et toi vous le connaîtrez assez avec le temps. Si celles-ci le veulent bien, tu les emmèneras de leur plein gré, les ayant persuadées par des paroles respectueuses. En effet, la ville a décidé, par les suffrages unanimes du peuple, que ces jeunes filles ne seraient ni enlevées par violence, ni livrées contre leur gré. Cette sentence a été fixée par un clou solide, afin de rester inébranlable. Elle n'a point été inscrite sur des tables d'airain, ni enfermée en un livre, mais tu l'entends hautement de la bouche d'un homme libre. Va ! ôte-toi promptement de mes yeux.

LE HÉRAUT.

Alors, tu sauras que c'est la guerre. La force et la victoire resteront aux hommes.

LE ROI PÉLASGOS.

Vous en trouverez des hommes parmi ceux de ce pays, et qui ne sont pas buveur de vin d'orge. Pour vous, avec vos chères compagnes entrez d'un cœur ferme dans la ville bien fortifiée entourée de tours profondément assises. Il y a là de nombreuses demeures publiques, et j'ai moi-même largement bâti la mienne. Il

Eschyle

est agréable d'habiter d'heureuses demeures avec un grand nombre de compagnons ; mais, si cela vous plaît mieux, il vous sera permis d'habiter des demeures particulières. Choisissez ce qui vous sera le plus agréable. Moi, je serai votre protecteur, avec tous les citoyens qui ont pris cette résolution. Pourquoi chercheriez-vous des appuis plus digne de confiance ?

LE CHŒUR DES DANAÏDES.

Sois comblé de biens pour tant de bienfaits, divin roi des Pélasges ! Mais, dans ta bonté, envoie ici notre père courageux, Danaos, notre prévoyant conseiller. Sa prudence est meilleure pour décider quelles demeures et quelle lieu nous devons choisir. Que tout arrive donc pour le mieux.

LE ROI PÉLASGOS.

Vous serez reçues avec des paroles de bienveillance et de joie par les citoyens de cette terre. Et vous, chères servantes, suivez chacune, pas à pas, celle des filles de Danaos qu'il vous aura désignée.

DANAOS.

Ô enfants ! il faut que vous fassiez des vœux et des sacrifices et que vous versiez des libations aux Argiens comme à des dieux Olympiens, puisqu'ils nous ont sauvés sans hésiter. Ils ont écouté avec une grande faveur ce que j'ai fait contre nos cruels parents, et ils m'ont donné ces compagnons et ces gardes afin de m'honorer et pour que je ne fusse pas frappé par surprise d'un trait mortel, ce qui eût été pour cette terre une souillure éternelle. Après tout ceci il convient que vous leur rendiez grâces et que vous les honoriez plus que moi-même. Gardez cette parole dans votre mémoire avec tous les autres sages conseils de votre père : le temps seul montre ce que valent des inconnus. Chacun a une langue médisante contre l'étranger, et ses paroles excitent aisément les malveillants. Je vous avertis donc de ne point me couvrir de honte, puisque vous possédez la jeunesse qui charme les hommes. La belle maturité est difficile à garder : les bêtes fauves et les hommes, ce qui vole et ce qui rampe, tous l'entourent d'embûches. La beauté des fruits mûrs les fait cueillir et ne donne point de vains désirs. Ainsi chaque passant lance de ses yeux le trait du désir sur la beauté et le charme des jeunes filles. Ne nous attirons point ces malheurs que nous avons évités par notre navigation sur la grande mer. Ce serait une honte pour nous et une joie pour nos ennemis. Deux demeures nous sont offertes : celle de Pélasgos et celle de la ville, et toutes deux sans rien payer, ce qui est avantageux. Cependant, gardez les conseils de votre père, puisque vous possédez l'honnêteté, qui est un bien plus cher que la vie.

LE CHŒUR DES DANAÏDES.

Le reste aux dieux Olympiens ! Mais rassure-toi, père, au sujet de ma jeunesse. A moins d'un nouveau conseil des dieux, je ne quitterai pas le chemin que j'ai déjà parcouru.

Strophe I.

Allons, célébrez par vos chants les dieux heureux protecteurs d'Argos, vous qui habitez la ville et les bords de l'antique fleuve Érasinos ! vous qui marchez avec nous, chantez ! Célébrons la ville des Pélasges et ne songeons plus à honorer de nos louanges le cours du Néilos.

Antistrophe I.

Chantons plutôt les fleuves qui versent sur cette terre l'abondance de leurs eaux et réjouissent le sol à l'aide de leurs limons fertiles. Que la chaste Artémis regarde notre troupe malheureuse, et que les noces de Kythérè, si elles nous arrivent, ne nous soient point infligées car ceci nous serait odieux.

Strophe II.

Nous ne méprisons point la bienveillante Kypris, car, avec Hèra, elle possède la plus grande puissance auprès de Zeus. On l'honore, la subtile déesse, source des biens vénérables. Le désir et la douce persuasion, à qui rien ne résiste, sont les compagnons de leur chère mère. Mais c'est à Harmonia que la Moire a donné le langage charmant d'Aphrodita et les entretiens amoureux.

Antistrophe II.

Je redoute les vents qui chassent les exilées, les douleurs cruelles et les guerres sanglantes. Pourquoi nos rapides persécuteurs ont-ils accompli une si prompte navigation ? Que ce que la destinée a voulu arrive donc ! La pensée de Zeus est infinie et inévitable. Que nous puissions au moins finir par des noces semblables à celles de tant d'autres femmes avant nous !

PREMIER DEMI-CHŒUR.

Grand Zeus ! détourne de nous l'hymen des fils d'Aigyptos !

SECOND DEMI-CHŒUR.

Ceci serait pour le mieux ; mais tu supplies un dieu inexorable.

PREMIER DEMI-CHŒUR.

N'ignores-tu pas les choses futures.

SECOND DEMI-CHŒUR.

Pourquoi vouloir pénétrer l'immense pensée de Zeus ? Faites des vœux moins grands.

PREMIER DEMI-CHŒUR.

Pourquoi me donnes-tu ce conseil ?

SECOND DEMI-CHŒUR.

Crains de pénétrer les choses divines.

PREMIER DEMI-CHŒUR.

Que le roi Zeus détourne de moi les noces odieuses de cet homme que je fuis, lui qui délivra Io de son mal, en la caressant heureusement de la main, et, par une douce violence, créa ainsi notre race !

SECOND DEMI-CHŒUR.

Qu'il accorde la victoire aux femmes ! Que chacun ait sa part de bien et de mal, et que, par mes prières, la justice obtienne sa récompense légitime de la volonté tutélaire des dieux !

Printed in Germany
by Amazon Distribution
GmbH, Leipzig